UNE JEUNE AME AU CIEL

LUCIEN BARBEIRASSY

MORT A 19 ANS.

ÉLÈVE AU COLLÈGE St-JOSEPH D'AVIGNON DE 1877 A 1885,

ÉLÈVE DE L'ÉCOLE Ste-GENEVIÈVE DE 1885 A 1888,

CONGRÉGANISTE DE LA Ste-VIERGE.

AVIGNON
SEGUIN FRÈRES, IMPRIMEURS-ÉDITEURS
13, rue Bouquerie, 13

1888

UNE JEUNE AME AU CIEL

LUCIEN BARBEIRASSY

MORT A 19 ANS

ÉLÈVE AU COLLÈGE St-JOSEPH D'AVIGNON DE 1877 A 1885,

ÉLÈVE DE L'ÉCOLE Ste-GENEVIÈVE DE 1885 A 1888,

CONGRÉGANISTE DE LA Ste-VIERGE.

✠

AVIGNON
SEGUIN FRÈRES, IMPRIMEURS-ÉDITEURS
13, rue Bouquerie, 13

1888

LUCIEN BARBEIRASSY

« C'est un don de Dieu de mourir jeune
« et sans tache. »

LACORDAIRE.

Saint Paul dit que nous sommes donnés en spectacle à Dieu et à ses anges. Les cieux s'inclinent vers la terre pour contempler la vertu aux prises avec le péché, la vie en lutte contre la mort. Quand l'âme qui combat pour Dieu est pure, et qu'elle habite un corps jeune et plein de beauté, rien n'est mieux fait pour ravir le regard divin. Aussi pouvons-nous croire que des légions d'anges souriaient à notre cher Lucien, à son dernier combat. Jésus, roi de la jeunesse, se penchait avec amour vers cet aimable adolescent s'arrachant aux étreintes terrestres. La petite chambre de l'école Ste-Geneviève, toute parfumée de souffrance et de résignation, devenait un coin du paradis, le seuil béni d'où une âme, échappée pour toujours au démon, s'élançait dans la vie éternelle. La maladie si terrible de Lucien a été un triomphe, sa mort si déchirante la plus radieuse des victoires.

Mais je voulais écrire une page de deuil, et voilà que

j'entonne un chant triomphal N'est-ce point manquer à ce que commandent de respect et de pitié la douleur d'une mère, les larmes d'un frère et d'une sœur ? Non, c'est plutôt leur offrir les seules consolations vraies, c'est compatir de la meilleure manière à leur affliction : pleurer avec eux en leur montrant le ciel. D'ailleurs, que dire sur cet enfant prédestiné, qui ne ressemble à un hymne d'actions de grâces ? Il est mort, il nous a quittés ; mais comme il avait bien vécu, et qu'il est mort pieusement !

I

Vous qui l'avez connu, vous le voyez encore, n'est-ce pas ? Une de ces physionomies que l'on n'oublie jamais. Aux temps bibliques, quand Dieu envoyait ses anges aux patriarches, les anges de Dieu revêtaient la forme d'un jeune homme. Il y a de ces visages d'adolescents qui font songer à l'ange d'Agar ou à celui de Tobie.

Tel était le doux visage de Lucien. Les lignes étaient pures, le front haut, les yeux caressants et spirituels, le sourire extrêmement fin. Avec cela, un attrait de l'ensemble, difficile à définir ; mélange de candeur, de loyauté, de distinction ; un rayonnement qui partait de l'âme et allait chercher les âmes. Rien n'est beau, a-t-on dit, comme une figure de jeune homme qui respire la vertu. Cette incarnation du beau, j'y ai souvent pensé en regardant Lucien. C'était le printemps de la vie dans ce qu'il a de plus aimable. Comment s'étonner que Jésus l'ait choisi, entre tant d'autres, pour le retirer du monde et l'attirer à lui ?

Dès longtemps, semble-t-il, Lucien avait entendu, dans le sanctuaire du cœur, la voix attirante de Jésus. Cet adolescent, à qui tout souriait dans le monde, et qui aurait pu prendre pour lui ce vers de Chénier :

« Ma bienvenue au jour me rit dans tous les yeux, »

était détaché de la vie. En vain lui répétait-on qu'il serait des premiers entre les plus brillants : ces rêves d'avenir flattaient un instant son esprit, mais semblables à des hôtes de passage, sans s'y établir. Comme s'il avait eu le pressentiment d'être mûr pour le ciel, il se plaignait du fardeau de l'existence. Pendant les grandes vacances dernières, qu'il passa dans les Basses-Alpes, Lucien s'ouvrait à sa mère de ce dégoût des choses d'ici-bas. — « Comme c'est triste, la vie ! » lui répétait-il. On dira peut-être que cette tristesse est la note du jour, exploitée par tous nos poètes. Mais, chez Lucien, ce n'était pas le dégoût engendré par la satiété, ce dégoût des pauvres jeunes gens qui, après avoir englouti dans un même naufrage leur foi et leurs mœurs, le cœur ravagé, les sens émoussés, se posent en désenchantés, à la suite de Lamartine :

« Le cœur lassé de tout, même de l'espérance. »

Chez Lucien, cette tristesse était proche parente du sentiment des saints, exilés sur la terre, avides d'aller à

Dieu. C'était le désenchantement pieux exprimé dans ce « refrain » de St Ignace :

« Que la terre me semble vile, quand je regarde le ciel! »

Comme les saints aussi, Lucien travaillait avec courage. Il ne s'attachait pas à la vie, mais il avait pourtant à cœur de s'y faire une place honorable. Après une année de mathématiques spéciales, il avait reconnu que décidément son attrait le portait à St-Cyr. Au mois d'octobre dernier il reprit donc l'étude des mathématiques élémentaires, dans le cours du P. Cosson. Son ambition, bien légitime, était d'entrer à l'école avec un bon rang. Le premier trimestre fut bien employé, le classement de décembre très honorable. Le jour de l'an rendit Lucien pour quelques jours, — c'est quelques heures qu'il faudrait dire, — à sa chère famille. Il revint au collège, comme il faisait toujours. Je manquai sa bonne visite. Sur-le-champ je lui en témoignai mon regret par un mot affectueux ; j'étais loin de penser que je ne le rencontrerais plus qu'au ciel.

La rentrée de janvier ne fut pas trop gaie. C'est l'impression du passager qui se rembarque. Lucien prit le dessus, écrivit de bonnes lettres, et tous les siens étaient sans inquiétudes, quand arriva, le mercredi 25 janvier, la dépêche qui annonçait une pleuro-pneumonie. Le soir même Madame Barbeirassy partait pour Paris. Le frère de Lucien restait encore avec nous, partagé entre l'angoisse et l'espérance.

Lucien avait pris froid à la promenade. Ses camarades patinaient. Lui les regardait faire, immobile. Vainement on lui conseilla de se remuer, on lui dit qu'il attraperait le mal de la mort. — « Bah ! » répliqua-t-il gaîment, « chez nous, nous avons la poitrine solide ! » Peu après une maladie se déclarait. On ne savait encore laquelle, mais déjà c'était très inquiétant. Lucien était pris d'un sommeil invincible, d'une sorte d'engourdissement qui durait quarante-huit heures. Il se réveilla avec une fièvre terrible. Le poumon gauche était enflammé. Les Pères lui prodiguèrent les soins les plus délicats et les plus intelligents. L'habile docteur Moissenet suivit les progrès du mal avec une anxieuse sollicitude. On appela au chevet du malade une sœur du Bon-Secours. Quand sa mère arriva, le jeudi matin, elle ne put qu'approuver ce qui avait été fait, et joindre sa tendresse à elle à toutes les tendresses dont son enfant était déjà entouré. Un mieux parut se déclarer, et le vendredi après-midi une bonne dépêche, toute souriante, venait à Avignon relever le cœur du frère et de la sœur, et leur parler de retour et de revoir. Hélas ! c'était le dernier éclat de la flamme qui va s'éteindre.

Avant de recueillir ce souffle si pur, édifions-nous auprès du cher malade. Une seule chose lui tient au cœur : ses exercices de piété. Il ne quitte pas son chapelet. Il demande à changer de scapulaire, et indique lui-même comment il faut coudre les images du Sacré-Cœur et de la Sainte Vierge. La sœur garde-malade s'apprête à lui enlever l'ancien. Il se récrie : « Passez-moi d'abord le neuf, je ne veux pas rester sans scapulaire ! »

Le samedi matin, — il avait alors quarante-deux degrés de fièvre et cent-trente pulsations, — Lucien demande à faire sa prière. — « Mais vous êtes trop fatigué ! » — Il insiste cependant. — « Eh bien ! dit la sœur, je vais la lire; vous vous unirez seulement d'intention. » — Quand elle eut fini, Lucien lui dit doucement : « Vous aviez raison, ma sœur, c'est bien fatigant même de s'unir. »

Survient le médecin, qui engage M. l'Aumônier à ne pas retarder les derniers sacrements. M. l'Aumônier s'approche de Lucien : « Madame votre mère doit communier demain, pour votre guérison. Je viens vous demander de communier vous-même aujourd'hui, à la même intention. Voulez-vous vous confesser ? » Le malade hésite un peu : il se trouve trop fatigué pour réunir ses idées. — « Vous n'aurez qu'à me répondre *oui* ou *non*; je vous connais, ce sera bien facile. » — Il se confesse, avec une grande piété, et dit : « Ah ! maintenant je suis bien content ! » Puis il reçoit la sainte Eucharistie. A neuf heures et demie, il perdait connaissance. La fin approchait.

On lui administra le sacrement de l'Extrême-Onction. A midi, son âme était remontée à Dieu. Il ne restait plus de lui qu'une froide dépouille, que sa mère couvrait de ses embrassements. Je me trompe; il restait le souvenir de ses excellentes qualités, gardé précieusement par tant de cœurs amis.

II

Tout ce que promettait la physionomie de notre cher Lucien, son esprit et son cœur le tenaient, et au delà. Il arrive à ceux qui se dévouent à la jeunesse, de rencontrer des visages de dix-huit ans, qui semblent le miroir où se réflète l'infini. Décevante illusion! ce temple admirable loge une âme vulgaire, un cœur sans flamme. Chez Lucien, le regard et le sourire ne faisaient que réfléchir la beauté de son âme, la générosité de son cœur. Le charbon du Séraphin avait touché ses lèvres, Dieu s'était révélé à sa jeunesse. Son cœur était exquis, tout embaumé d'un parfum précieux : l'oubli de soi. Qualité peu commune, parce qu'elle jaillit du sacrifice ; parfum amer au goût et purifiant, comme la myrrhe.

Entre tous les souvenirs que je recueille sur notre enfant, le plus fréquent et le plus tenace est le souvenir de cette abnégation si rare toujours, rare surtout en notre temps tout pétri d'égoïsme. Lucien s'oubliait pour faire plaisir à ceux de son entourage. A son âge l'on donne volontiers. Rien de bien étonnant peut-être à ce qu'il revînt à la maison paternelle, les mains toujours pleines d'aimables cadeaux pour sa mère ou sa sœur. Cependant chacun de ces objets représentait le prix d'un sacrifice. C'était la part du cœur, prélevée sur l'argent des plaisirs. Tribut de l'affection, répété si souvent qu'il laissait à sec la bourse écolière. Il y ajoutait des œuvres plus méritoires, et ne craignait pas de s'imposer un travail pénible, pour faire à quelqu'un d'aimé une délicate surprise. Épuiser son porte-monnaie n'est pas trop malaisé à qui a bon cœur ; il coûte davantage de s'astreindre à un labeur fastidieux et supplémentaire.

Lucien a su triompher de cette répugnance et ajouter à sa tâche de chaque jour, — bien rebutante parfois! —

pour se rendre agréable à ceux qu'il aimait. Il l'a fait pour son frère, ce frère assez riche de dévouement et d'amour pour combler, dans le cœur de Lucien, le vide laissé par la mort d'un père ; ce frère, l'ami le plus tendre, le guide, le gardien visible de son jeune frère ; ce frère, qui faisait reposer sur cette affection toutes ses plus chères espérances ; ce frère, qui, élevant jusqu'à Jésus l'amour fraternel, et, au-dessus de tant de dons charmants, aimant avant tout l'âme de son frère, s'est incliné héroïquement devant le coup que Dieu frappait sur cette vie, unie à la source même de sa vie. Il y avait, entre Lucien et son frère, harmonie parfaite de sentiments, échange de confidences et de tendresses. Lucien allait à son frère avec un abandon caressant, en même temps qu'un grand respect. C'était l'amour fraternel sacré par la main de la religion.

La dernière fois que revint la fête de St Edmond, le pauvre Lucien, perdu dans ses mathématiques, eut un jour d'oubli. Quand il s'en aperçut, désolé, il prit la plume et jeta son cœur dans ces lignes :

« Mon bien cher Edmond,

« J'ai laissé passer le jour de ta fête sans te la sou-
« haiter. Je ne peux pas te dire à quel point cette idée
« me désole. J'en pleurerais volontiers. Je suis si com-
« plètement absorbé, que je perds la notion du temps
« et que je ne sais plus du tout la date du jour où je vis.
« Pardonne-moi, mon cher Edmond ; je t'aime énormé-
« ment, et je n'aurais pas voulu laisser passer l'occasion
« de te le redire. Bonne fête ! Je pense bien à toi.

« Je t'écris à bâtons rompus, talonné par l'heure. Je « n'ai que le temps de t'embrasser de cœur, — de tout « cœur, comme je t'aime, et de te dire adieu : la cloche « sonne. — Lucien. »

Cette lettre, qui fait si bien l'éloge des deux frères, émeut jusqu'aux larmes. Ces mathématiques qui faisaient perdre à Lucien la notion du temps, et qui lui étaient si arides, il leur consacrait encore ses moments perdus, par une délicate attention pour son frère. Celui-ci avait manifesté le désir d'avoir l'énoncé et la solution des problèmes donnés au cours d'élémentaire. Fidèlement, au jour le jour, Lucien s'imposa un gros labeur pour lui faire ce plaisir. Il y a là une continuité qui augmente singulièrement le prix de l'attention. On se lasse si vite de s'imposer une contrainte ! Il faut bien fidèlement s'oublier soi-même pour penser aussi fidèlement à autrui.

Lucien était coutumier de ces délicatesses. Pendant sa rhétorique, un ami de la famille, qui avait été son précepteur, lui dit un jour : « Je serais bien aise de connaître les sujets de composition française donnés au collège. » L'enfant n'eut garde d'oublier. A partir de ce jour, chaque fois qu'il rencontrait son ancien maître, il tirait de sa poche un carré de papier, et le lui tendait en souriant : « Monsieur, voici un sujet de dissertation. » Le narrateur ajoute que devant plus d'un camarade il exprima le même désir. Seul Lucien eut la mémoire du cœur.

J'ai dit, tout à l'heure, que Lucien avait des accès de tristesse douloureuse. J'ai cité ce mot à sa mère : « Que c'est triste, la vie ! » Cette « désespérance », qui le déchirait, déborde dans les poésies qu'il a chantées, au cours de ses dix-huit ans, et qu'il appelle ses *Péchés de jeunesse*. Péchés bien légers et bien charmants. Pas une d'elles qui ne vibre douloureusement. On les dirait jaillies d'une mélodie de Chopin. C'est un bouquet de myosotis voilé d'un crêpe. La première en date porte ce titre : *Désillusion*. Elle est de 1886. Le poète était à l'âge par excellence de toutes les illusions. Voici la note :

« Hélas ! tu sais déjà que l'amour est perfide,
« Pareil à ces serpents
« Qui laissent après eux leur flétrissure humide.
« — Et tu n'as pas seize ans ! »

Quelques pages plus loin, — août 1887, — sous ce titre symbolique : *Vieilles cendres*, l'enfant pleure un hymne de tristesse :

« ..... Et toi, tu ne sais pas
« Ce qui t'attend d'amère et navrante surprise,
« D'angoisses sans écho, de chutes, de faux pas
« Dans cet avenir bleu qui t'enchante et te grise.

« Tu ne peux pas savoir : tu n'a jamais vécu,
« Hélas ! en vieillissant on apprend la souffrance...
« Il faut lutter toujours, et, si l'on est vaincu,
« Étouffer ses sanglots et pleurer en silence.

« Et même, bien souvent, on n'ose pas pleurer.
« On doit être insensible et sceptique. — O misère !
« On bâillonne son cœur lorsqu'il veut murmurer,
« Et l'on rirait, je crois, des pleurs dans la paupière. »

Nous touchons au plus intime de ce renoncement, qualité dominante chez notre bon Lucien. Incliné à la tristesse, à la mélancolie noire, porté à ces retours sur soi où l'on se ronge le cœur avec une amertume égoïste, il réagissait toujours. Il résistait aux appels de la rêverie et dominait ses impressions, pour se montrer aimable et enjoué. Il mettait en pratique le conseil de l'Écriture, et écartait comme l'ennemi la désolation stérile qui ruine l'âme. A tel point que ceux qui l'ont fréquenté assidûment, mais sans recevoir ces confidences réservées à de rares privilégiés, seront étonnés d'apprendre que leur ami était un triste, un désenchanté, un pessimiste. Oui, ce Lucien qui avait toujours le sourire sur les lèvres et le mot spirituel dans la conversation, ce Lucien qui raillait si agréablement, qui tournait si volontiers une innocente épigramme, s'il eût cédé à son inclination, se fût retiré de toute société pour pleurer en silence. S'il riait,

« ... des pleurs dans la paupière, »

c'était héroïquement, pour lutter contre ce « moi » que nous sommes tous si enclins à caresser, et qu'il reléguait, lui, dans l'oubli, pour se plier à l'humeur des autres.

Une âme si généreuse pouvait-elle n'être pas sincère? Lucien, dans ses relations mondaines, préférait à toute autre société celle des jeunes officiers. Ce n'était pas, je crois, souci d'avenir, pour se ménager au sortir de l'École d'avantageuses camaraderies. Ce calcul ne serait point entré dans un si grand cœur. Mais dans ces cercles militaires Lucien retrouvait une vertu qui lui fut toujours chère : la loyauté. Rien ne le troublait comme cette coutume qu'a le monde de déchirer les absents. —

« Cela me révolte, disait-il, qu'on parle mal de ses amis ! » De fait, on ne saurait lui reprocher d'avoir jamais trahi l'amitié, même dans les plus petites choses. Un de ceux qui eurent le plus de part à son affection rappelait, avec un heureux à-propos, sur la tombe de Lucien, cette loyauté si pure, qui ne se serait pas pardonné la plus légère félonie. Pour nous, ses maîtres, nous savions bien que nous pouvions compter sur lui. Je me rappelle cette parole échappée, un jour, à son professeur de philosophie, excellent juge en matière de délicatesse : « Lucien est exquis ! » Le Père ne faisait pas seulement allusion à l'esprit et au caractère de Lucien. Il avait surtout dans la pensée son cœur loyal et sans reproche.

Oui, sans reproche. Lucien poussa jusqu'à la délicatesse jalouse le culte de la loyauté. Il n'aurait pas voulu d'un honneur douteusement acquis. On sait qu'il fut toujours à la tête de sa classe. On juge si, rhétoricien, à la veille d'être bachelier, il devait tenir au prix de version latine. Arrive le jour de la grande composition. Le professeur dicte une version. Soudain, Lucien demande la permission de parler, se lève et dit : « Mon Père, je connais cette version, je l'ai faite pendant les vacances. » Le Père ne peut retenir un aimable sourire ; il dicte un autre texte, on compose. Lucien n'eut que le premier accessit de version. Plus d'un camarade le trouva sans doute bien naïf : rien, semble-t-il, ne l'obligeait à la déclaration qu'il fit. Rien, sinon la fierté de son cœur !

C'étaient là, on le voit, de belles et riches qualités naturelles. Ce qui les parfumait et leur donnait tout leur charme, c'était, ne l'oublions pas, sa piété et sa pureté de cœur. J'écris ceci pour les camarades de Lucien, pour ceux qui, plus jeunes que lui, l'on admiré sans le connaître à fond. Lucien avait une piété tendre. Jeune homme, il conservait de suaves prières, de petites dévotions d'enfant. Il aimait la sainte Vierge de tout son cœur, je l'ai dit déjà, en racontant ses derniers jours. Le soir, avant son sommeil, il se mettait sous la garde de Marie. Pendant les vacances, — ces vacances où l'on est tant porté à abréger ses dévotions ! — il ne se couchait pas sans avoir récité son chapelet. Parfois son excellente mère, en mère vigilante qui s'endort la dernière, venait le presser aimablement d'éteindre sa lumière : — « Mais, maman, répondait-il, je n'ai pas fini mes prières ! » Combien de jeunes vertus seraient plus solides, si elles étaient soutenues par cette piété généreuse !

J'accumule les traits ; rien ne peint mieux une âme. Il y a deux ans, tomba gravement malade un éminent artiste, le maître et l'un des plus chers amis de Lucien. Lui était à Paris. Aux premières mauvaises nouvelles, il s'émeut et se met à prier. « Faisons, écrit-il, une neuvaine à Notre-Dame du Sacré-Cœur, c'est la plus belle des dévotions ; elle unit tout, le Sacré-Cœur et la Sainte Vierge. » La neuvaine se fit, avec toute la ferveur de l'amitié inquiète. Notre-Dame exauça son enfant. Aujourd'hui, l'ami pour qui Lucien a si bien prié, pleure son jeune ami. Au jour du service funèbre, il faisait passer quelque chose de sa douleur dans l'âme des assistants, en modulant sur l'orgue un chant de deuil : une phrase triste, très triste, que Lucien avait composée lui-même et qu'il affectionnait.

A ceux qui peuvent se demander si tant de vertus auraient persévéré, je vais dire un dernier trait, qui révèle une âme maîtresse d'elle-même, inaccessible au respect humain, simplement et fermement vertueuse. Pendant les vacances, Lucien raconte un jour à sa mère qu'il a, pour l'après-midi, un rendez-vous avec un de ses camarades, dans une maison qu'il lui désigne. Lucien ignorait que cette maison n'était pas très convenable. La mère, après avoir réfléchi, lui dit simplement qu'il peut y avoir danger pour son âme dans ce rendez-vous. Sans s'étonner, sans hésiter, Lucien répond : « Oh ! bien alors, j'irai ce soir à la campagne avec vous ! » Un enfant qui aime si franchement sa mère et la vertu promet un chrétien héroïque.

On n'aura, après avoir lu ces froides pages, qu'un crayon bien effacé du plus aimable des adolescents. Quand un homme meurt, on dit ce qu'il a fait. Quand c'est un jeune homme, qui n'est pas encore entré dans l'action de la vie, on cherche à découvrir son cœur et à deviner ce qu'il aurait pu faire. Le cœur de Lucien était entre les excellents, et il n'eût fait que de nobles choses. Officier, il aurait aimé beaucoup la France et beaucoup l'Église. Il aurait vaillamment mis son épée au service de ces deux grandes causes. Au milieu de nos regrets et de nos larmes, rappelons-nous que Dieu dirige tout à sa gloire, et au bien de ses élus. Lucien n'est plus ; mais sa mort a été précieuse et sa courte vie riche en mérites. Mort, il parle encore de vertu, de générosité et d'abnégation : *Defunctus adhuc loquitur.*

J. A.

www.ingramcontent.com/pod-product-compliance
Ingram Content Group UK Ltd.
Pitfield, Milton Keynes, MK11 3LW, UK
UKHW021927190726
13853UKWH00002B/884